Mon premier livre de
recettes

Goélette Jeunesse

Édition originale
© Igloo Books Ltd 2007
Titre original : Kid's cookbook

Pour la présente édition :
Premier trimestre, 2008
© Les Éditions Goélette inc.
www.editionsgoelette.com
600, boul. Roland-Therrien, Longueuil, J4H 3V9

Auteur : James Mitchell
Traduction : Esther Tremblay
Mise en pages : Kurt Young
Infographie version française : Amélie Surprenant
Couverture : Paul Barton, Amélie Surprenant
Photographies : CEPHAS / StockFood;
CEPHAS / Vince Hart (page 32); Photos.com

Gouvernement du Québec
Programme de crédit d'impôt pour l'édition de livres
Gestion SODEC

ISBN : 978-2-89638-203-3

Imprimé en Chine

TABLE DES MATIÈRES

Avant de commencer

Cuisiner est très amusant, toutefois, il ne faut jamais oublier qu'à cause de toutes les choses chaudes et coupantes que nous devons manipuler, cela peut aussi devenir très dangereux. Il est très important de toujours demeurer prudent lorsqu'on se retrouve dans la cuisine. Garde toujours en tête ces quelques règles simples, ce que tu cuisineras n'en sera que plus délicieux.

Les règles

1 NE JAMAIS FAIRE LA CUISINE SANS LA SUPERVISION D'UN ADULTE.

2 Toujours demander à un plus grand de t'aider si tu dois te servir d'un couteau ou de la cuisinière. Surtout, ne te gêne pas, même les grands chefs demandent parfois de l'aide.

3 Avant de commencer à cuisiner, tu dois toujours te laver les mains avec de l'eau et du savon et bien nettoyer toutes les surfaces de travail.

4 Lorsque tu as à utiliser un couteau, sois toujours prudent et travaille toujours sur une planche à découper. Tiens le couteau fermement, la lame par en bas et n'oublie pas, garde tes doigts à l'écart!

5 Lorsque tu dois transporter quelque chose de chaud, utilise toujours des mitaines de four. S'il y a le moindre risque ou si tu ne sens pas sûr, pour sortir quelque chose du four par exemple, il est préférable que tu demandes l'aide d'un adulte. Si tu te brûles, vas immédiatement au robinet et fais couler de l'eau froide sur la brûlure pendant au moins dix minutes. Même si, sur le coup ça te semblera vraiment froid, ça aidera à faire disparaître la douleur.

6 Fais attention de toujours mettre les poignées des casseroles vers l'intérieur des surfaces de cuisson afin d'éviter de les accrocher. Cette règle s'applique également pour les adultes.

7 Assèche toujours tes mains si tu dois brancher ou manipuler un appareil électrique. Si tes mains sont mouillées, tu pourrais prendre un choc électrique.

8 Garde toujours près de toi un linge afin d'essuyer immédiatement tout dégât, particulièrement sur le plancher, car tu pourrais glisser dessus.

9 Les plats chauds doivent toujours être déposés sur une surface conçue pour cela.

10 Les bactéries sont partout et, sur certains aliments, on peut en trouver qui pourraient te rendre très malade. Nettoie bien tous les fruits et les légumes avant de les consommer. Nettoie aussi tous les couteaux et les planches qui ont été en contact avec de la viande ou du poisson et lave bien tes mains après avoir manipulé un de ces aliments. Nettoie et range les choses à mesure que tu as terminé de les utiliser.

11 Assure-toi que ce que tu cuisines sera bon.

Lis la recette au complet avant de commencer afin de vérifier si tu as tous les ingrédients. S'il te manque des choses, fais une liste d'emplettes et demande à un adulte de la vérifier avec toi.

12 Prends le temps de bien peser et mesurer tes ingrédients. * Une mauvaise mesure peut gâcher toute la recette. Il est essentiel d'avoir un ensemble de cuillères et de tasses à mesurer. Une balance de cuisine peut aussi s'avérer très utile.

13 Prends ton temps, il est préférable de prendre plus de temps à faire ta recette que de risquer qu'elle ne soit pas bonne. La cuisine faite avec temps et amour est toujours meilleure.

14 Et finalement, la règle la plus importante : AMUSE-TOI !!!

* Afin d'alléger le texte, nous avons choisis les unités de mesure les plus courantes. Les mesures de liquide et de solide sont en tasse, en cuillère à thé et en cuillère à table, la température du four est en °F. Toutes les autres mesures sont métriques.

Lait fouetté à la banane et au beurre d'arachide

Pour une portion

C'est un petit-déjeuner rapide à préparer qui te donnera de l'énergie pour tout l'avant-midi.

Tu auras besoin de :
Un mélangeur

Ingrédients

1 banane

Une grosse cuillerée de beurre d'arachide crémeux

2/3 tasse de lait

Pour décorer (optionnel) :
Crème fouettée
et cerise glacée

1 Avant de te coucher, pèle et tranche la banane en tranches minces.

2 Mets les tranches dans un sac de plastique bien fermé et place-le dans le congélateur pour la nuit.

3 À ton réveil, place tous les ingrédients dans le mélangeur, demande à un adulte de t'aider, et mélange à haute vitesse pendant une minute ou jusqu'à ce que ce soit bien lisse et épais. Assure-toi toujours que le couvercle du mélangeur soit bien en place avant de l'actionner ou tu pourrais retrouver ton déjeuner dans toute la cuisine !

Pour varier :
Tu peux aussi remplacer le beurre d'arachide par une de ces variantes :

1/4 tasse de fraises, framboises ou bleuets et une cuillerée à thé de miel liquide.

1 grosse cuillerée à table de poudre de chocolat.

Œufs brouillés débrouillés

1 portion

C'est une recette très facile que tout le monde aime !

Tu auras besoin de :
Un bol à mélanger
Un grille-pain
Une poêle antiadhésive
Une cuillère de bois

Ingrédients

2 œufs frais

2 tranches de pain

Une pincée de sel

1 c. à table de beurre et un peu pour les toasts

Pour décorer (optionnel) :
De la ciboulette hachée

1 Casse les œufs dans le bol, ajoute le sel et fouette avec une fourchette.

2 Ensuite, mets le pain dans le grille-pain prêt pour faire des toasts.

3 Fais fondre le beurre dans la poêle sur un feu moyen. Lorsque le beurre est fondu, presse le bouton du grille-pain. Verse alors les œufs battus dans le beurre fondu et commence tout de suite à les remuer avec la cuillère de bois. Le secret pour faire de bons œufs brouillés est de les brasser pendant la cuisson en prenant bien soin d'aller jusque sur les rebords de la poêle, mélange partout où ils pourraient coller.

4 Lorsque les œufs sont crémeux et légèrement liquides, éteins le feu. Ils continueront de cuire encore un petit moment.

5 Beurre les toasts qui ont cuit entre-temps, et place les œufs brouillés sur le dessus ou à côté.

Pour varier :
Pour donner à tes œufs un petit quelque chose de spécial, tu peux ajouter un des ingrédients suivants :
- 1/4 tasse de fromage râpé avec 1/4 tasse de jambon haché
- 1/4 tasse de saumon fumé haché
- Une saucisse à hot-dog tranchée
Ajoute ces ingrédients au moment où tu éteins le feu en les mélangeant avec la cuillère de bois.

Pain « adoré » à la cannelle

Sucré et épicé, c'est une délicieuse alternative à la bonne vieille toast.

Tu auras besoin de :
Un petit bol à mélanger
Une poêle antiadhésive
Une spatule
Des mitaines de four
Un tablier

Ingrédients

1 œuf frais

2/3 tasse de lait

2 c. à table de cassonade

2 c. à thé de cannelle en poudre

2 tranches de pain blanc

Un peu de beurre

1 Casse l'œuf dans le bol. Ajoute le lait, la cassonade et la cannelle et fouette avec une fourchette jusqu'à ce que tout soit bien homogène.

2 Ensuite, immerge les tranches de pain dans le mélange à l'œuf. Assure-toi qu'elles soient complètement recouvertes.

3 Enfile ton tablier et demande à un adulte de t'aider. Chauffe la poêle sur un feu moyen et fais-y fondre le beurre jusqu'à ce qu'il commence à brunir. Dépose les tranches de pain imbibées et laisse cuire jusqu'à ce qu'elles soient légèrement grillées. Tu peux les vérifier en soulevant doucement le coin avec la spatule. Ensuite, retourne-les et cuis de la même façon de l'autre côté.

Pour varier :
Le pain doré régulier peut-être aussi délicieux. Il se fait de la même façon sauf que tu n'ajoutes pas de cassonade et de cannelle au mélange, tu peux le servir avec des tranches de bacon ou des fèves au four. Tu peux aussi ajouter au mélange à l'œuf, des zestes d'orange comme sur la photo.

Crêpes copines

4 crêpes copines

Voici une recette parfaite lorsque tu veux faire le déjeuner pour toute la famille le week-end ou lorsque tu reçois tes amis à coucher.

Tu auras besoin de :
Un mélangeur
Une spatule
Une louche
Un tablier
Une poêle antiadhésive

Ingrédients

1 tasse de farine tout usage

3 c. à thé de poudre à pâte

Une pincée de sel

2 c. à thé d'huile végétale et un peu pour la cuisson

1 2/3 tasses de lait

2 œufs frais

12 bleuets

2 fraises coupées en deux

Du sirop d'érable

1 Préchauffe le four à la chaleur minimum et mets ton tablier.

2 Mets tous les ingrédients, sauf les bleuets, les fraises et le sirop, dans le mélangeur. Brasse, à vitesse maximum, jusqu'à ce que le mélange soit mousseux et homogène. N'oublie pas de bien refermer le couvercle du mélangeur avant de l'activer si tu ne veux pas porter ton déjeuner sur toi pour le reste de la journée.

3 Chauffe la poêle sur un feu moyen et ajoute un peu d'huile. Cette étape est très délicate et dangereuse, la poêle et l'huile pouvant devenir très chaudes, demande à un adulte de t'aider et n'essaie jamais de faire cela tout seul. Dépose, dans la poêle, une louche pleine du mélange pour la tête et deux petites cuillerées pour les oreilles.

4 Lorsque tu vois que des bulles commencent à se former sur ta crêpe, retourne-la à l'aide de la spatule et laisse cuire encore une minute, jusqu'à ce qu'elle ait une belle couleur dorée.

5 Dépose la crêpe dans un plat et, avec l'aide d'un adulte, place-la dans le four afin de la garder bien chaude en attendant de finir.

6 Lorsque tes quatre crêpes sont cuites, dépose-les dans une assiette pour les décorer. Un morceau de fraise pour la bouche et des bleuets pour les yeux et le nez.

7 Sers-les avec du sirop d'érable versé autour.

Pour varier :
Tu peux ajouter 1/2 tasse de bleuets dans le mélange à crêpe avant de les cuire ou encore, les accompagner de deux tranches de bacon grillé.

Déjeuner de fruits croustillants

2 portions

Cette recette est très pratique, car tu fais le plus gros du travail avant d'aller au lit et lorsque tu te lèves le matin, ton délicieux petit-déjeuner est déjà pratiquement prêt à déguster !

Tu auras besoin de :
Un bol à mélanger de
   grandeur moyenne
Une râpe à fromage

Ingrédients

2/3 tasse de gruau

1 pomme

2/3 tasse de
yogourt nature

1/3 tasse de lait

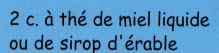

2 c. à thé de miel liquide
ou de sirop d'érable

1 Avant d'aller au lit, mets le gruau, le lait, le yogourt et le miel dans le bol à mélanger.

2 Coupe la pomme en quartiers et enlève le cœur. Ensuite, râpe-la sans enlever la pelure et ajoute-la rapidement aux autres ingrédients avant qu'elle ne brunisse. Brasse très bien tous les ingrédients ensemble puis, recouvre le bol d'une pellicule plastique et dépose le tout au réfrigérateur pour la nuit.

3 Lorsqu'il est l'heure de prendre ton déjeuner, partage la préparation entre deux bols. Choisis deux ou trois ingrédients parmi les suivants et ajoute-les dans chacun des bols :
1 c. à table de noix hachées.
1 c. à table de raisins secs.
1 c. à table de fraises coupées, de framboises ou de bleuets.
1/2 banane tranchée, 1 c. à table de pomme coupée en forme d'étoile, ou de morceaux d'orange.

Mmmuffins mmmatin

12 muffins

Ces muffins sont délicieux à n'importe quel moment de la journée, mais ils sont vraiment idéals pour un petit-déjeuner rapide lorsque tu es en retard pour l'école.

Tu auras besoin :
Un bol à mélanger
Un ensemble de
   cuillères à mesurer
Un moule pour 12 muffins

Ingrédients

1/2 tasse de gruau

1 1/3 tasses de lait

Un petit peu de beurre

1 œuf frais

1/2 tasse d'huile végétale

3/4 tasse de cassonade

1/4 tasse de céréales de
   type « Corn Flakes »

2/3 tasse de raisins secs

2/3 tasse d'abricots
séchés, coupés
en morceaux

2/3 tasse de farine tout usage

4 c. à thé de poudre à pâte

1 c. à thé de sel

1 Mélange le gruau et le lait dans le bol et laisse reposer pendant 15 minutes. Préchauffe le four à 400 °F. Graisse le moule avec le beurre pour éviter que les muffins ne collent aux parois.

2 Bats ensemble l'œuf, l'huile, les trois quarts de la cassonade, la moitié des céréales et tous les raisins et les abricots dans le mélange de lait et de gruau.

3 Ajoute ensuite la farine, la poudre à pâte et le sel et mélange bien. Divise le mélange dans les moules et saupoudre le dessus avec le restant de cassonade et de céréales.

4 Demande à un adulte de déposer le moule dans le four pour 20 à 25 minutes ou jusqu'à ce que le dessus commence à brunir.

5 Ils se conserveront à la température de la pièce pour environ une semaine.

Pour varier :
Remplace les raisins et les abricots par
d'autres fruits séchés comme des canneberges,
des bleuets ou des dattes. Tu peux aussi
ajouter des pépites de chocolat.

Bonshommes de pain d'épice

«Cours, cours aussi vite que tu peux! Tu ne pourras pas m'échapper, je suis le Bonhomme de Pain d'épice».

Tu auras besoin de :
Un tamis
Un bol à mélanger
Une casserole
Une cuillère de bois
Un rouleau à pâte
Un emporte-pièce en
  forme de bonhomme
Une tôle à biscuits
Une spatule
Une grille
Un grand sac
  à congélation

Ingrédients

1 tasse de farine tout usage
1 c. à thé de poudre à pâte
2 c. à thé de gingembre moulu
1/2 tasse de beurre ramolli
1/3 tasse de cassonade
2 c. à table de sirop de maïs

Pour décorer (optionnel) :
1/2 tasse de sucre
  à glacer
Des raisins secs
Des cerises en pot

1 Préchauffe le four à 350 °F. Tamise ensemble la farine, la poudre à pâte et le gingembre dans le bol à mélanger.

2 Avec l'aide d'un adulte, fais fondre la cassonade et le sirop dans la casserole. Laisse refroidir le mélange quelques minutes puis ajoute-le au mélange à la farine. Mélange le tout à l'aide de la cuillère de bois puis fais-en une grosse boule avec tes mains.

3 Saupoudre la surface de travail et le rouleau à pâte avec un peu de farine et aplati la pâte jusqu'à ce qu'elle n'ait plus que 1/2 à 1/4 cm d'épaisseur. À l'aide de l'emporte-pièce, confectionne les bonshommes. Si tu as trop de retailles, refais une boule et roule-la de nouveau.

4 Avec la spatule, place les bonshommes sur la tôle à biscuits. Demande à un adulte de les déposer au four pour 10 à 12 minutes ou jusqu'à ce qu'ils soient bien dorés.

5 Laisse-les refroidir quelques minutes et avec la spatule, place-les sur la grille.

6 Pour le glaçage, tamise le sucre à glacer dans un bol, ajoute une cuillère à table d'eau et mélange bien. Dépose le mélange dans un sac à sandwich ou à congélation et coupe un petit coin du sac. En pressant le sac, dessine le visage et les vêtements de tes bonshommes.

7 Tu peux terminer la décoration en ajoutant des yeux et des boutons avec des raisins secs et des morceaux de cerises.

Carrés mœlleux au chocolat

Ces délicieux carrés au chocolat demeureront tendres et mœlleux à l'intérieur.

Tu auras besoin de :

Un moule à gâteau carré
  de 20 cm (8 po)
Un four à micro-ondes
  ou un bain-marie
Un grand bol
Une cuillère de bois
Un tamis
Un couteau plat
Des mitaines de four
Une grille

Ingrédients

Un peu de beurre pour
  graisser la tôle
1/4 tasse de chocolat
  noir à cuire
1/2 tasse de beurre ramolli
1 c. à thé d'essence de vanille
1 tasse de sucre
2 œufs frais
1/4 tasse de farine
  tout usage
1/2 c. à thé de poudre à pâte
Une pincée de sel

1 Préchauffe le four à 350 °F et graisse le moule avec du beurre.

2 Casse le chocolat en morceaux et mets-le dans le bol. Chauffe le tout au micro-ondes pour 2 minutes, à décongélation jusqu'à ce qu'il soit complètement fondu. Si tu n'as pas accès à un four à micro-ondes, fais fondre le chocolat au bain-marie. Pour cela, il vaut mieux demander l'aide d'un adulte.

3 Ensuite, ajoute le beurre, l'essence de vanille et le sucre au mélange de chocolat fondu et brasse avec la cuillère de bois. Lorsque le mélange est bien crémeux, bats légèrement les œufs et ajoute-les au mélange. Tamise ensemble la farine, les œufs et la poudre à pâte et ajoute-les au mélange, brasse bien jusqu'à ce que tu obtiennes une texture lisse et onctueuse. Dépose le mélange dans le moule beurré et étends-le à l'aide du couteau.

Pour varier :
Tu peux ajouter au mélange de l'étape 3, 1/4 tasse de pépites de chocolat, de raisins secs ou de noix.

4 Demande à un adulte de déposer le moule au centre du four pour 25 à 30 minutes ou jusqu'à ce que les côtés soient fermes et le centre mœlleux.

5 Laisse refroidir durant 15 minutes, puis, divise le gâteau en 12 ou 15 carrés à l'aide d'un couteau. Place les carrés sur une grille et laisse refroidir complètement.

Croquants au chocolat

Environ 15 croquants

Tout le monde adore ces petits festins croquants au chocolat. Assure-toi de les garder loin des grandes personnes.

Tu auras besoin de :

Un bol à mélanger

Un four à micro-ondes ou un bain-marie

Une cuillère de bois

15 moules à gâteau en papier

Ingrédients

5 oz de chocolat (au lait, blanc ou noir selon ce que tu préfères)

1 c. à table de miel liquide

1/4 tasse de beurre

2/3 tasse de céréales de type « Cornflakes »

Pour varier :
Utilise d'autres sortes de céréales, comme des « Rice Krispies » ou des « Spécial K ». Tu peux aussi remplacer les céréales par 1/4 tasse de raisins secs ou de pépites de chocolat.

1 Casse le chocolat en morceaux. La façon la plus simple est de frapper le paquet sur le bord de la surface de travail avant de l'ouvrir. Ensuite, mets le chocolat, le miel et le beurre dans le bol à mélanger.

2 Place le bol au four à micro-ondes à décongélation pour 2 minutes ou jusqu'à ce que le chocolat soit fondu.

3 Si tu n'as pas accès à un four à micro-ondes, fais fondre le chocolat au bain-marie. Pour cela, il vaut mieux demander l'aide d'un adulte.

4 Brasse bien avec la cuillère de bois, jusqu'à ce que le mélange soit bien lisse, ajoute doucement les céréales et enrobe-les complètement du mélange au chocolat.

5 Dépose une cuillerée de mélange dans chaque moule de papier et laisse refroidir à la température de la pièce, conserve-les ensuite au réfrigérateur.

Yogourt glacé aux fruits

14 à 16 portions

Une délicieuse alternative simple, rapide et santé
à la crème glacée.

Tu auras besoin de :
Un robot culinaire
Un bol à mélanger
Un pot à crème glacée
Une sorbetière ou
  une cuillère de bois

Ingrédients

1 tasse de fruits frais
(fraises, framboises,
bleuets, ou celui que
tu préfères)

6 c. à table de miel liquide

1 litre de yogourt nature

1 Mets tous les ingrédients dans le robot culinaire et brasse jusqu'à ce que le mélange soit bien homogène. Demande l'aide d'un adulte, car le robot culinaire peut être difficile et dangereux à manipuler.

2 Si tu possèdes une sorbetière demande à un adulte de t'en expliquer le fonctionnement, car elles ne sont pas toutes pareilles.

3 Si tu n'as pas de sorbetière, place le mélange dans le pot à crème glacée en plastique, couvre-le et place-le au congélateur. Après une heure, sors le pot du congélateur et brasse très bien avec la cuillère de bois. Ceci a pour effet de briser les cristaux de glace et rendra ton mélange plus lisse et crémeux.

4 Répète ceci deux ou trois fois. Le yogourt se conservera au congélateur durant plusieurs semaines, si tu ne le finis pas avant.

Pour varier :
Sers ton yogourt glacé nappé de fruits frais
(les mêmes que ceux que tu as mis dans le
yogourt ou d'autres variétés), ou saupoudré de
noix hachées.

Biscuits au beurre d'arachide

Environ 36 biscuits

Ces biscuits au beurre d'arachide se partagent bien. Pourquoi ne pas en apporter quelques-uns à l'école et les partager avec tous tes amis ?

Tu auras besoin de :
Un bol à mélanger
Une cuillère de bois
Une fourchette
Un tamis
Des mitaines de four
Une grille
Une grande tôle à
  biscuits, non graissée

Ingrédients

2/3 tasse de beurre mou

2/3 tasse de beurre
  d'arachide

1 c. à thé d'essence
  de vanille

1 tasse de cassonade

2 œufs frais

1 tasse de farine
  tout usage

1 c. à thé de poudre à pâte

1/2 c. à thé de sel

1 Préchauffe le four à 350 °F.

2 Place le beurre, le beurre d'arachide, l'essence de vanille et la cassonade dans le bol et mélange bien. Ensuite, bats légèrement les œufs avec la fourchette et ajoute-les au mélange.

3 Tamise ensemble la farine, la poudre à pâte et le sel et ajoute-les au mélange. Brasse jusqu'à ce que le mélange soit bien crémeux et homogène.

4 Dépose le mélange en cuillerée sur la tôle à biscuits. Évite de les aplatir. Demande à un adulte de les déposer dans le four. Laisse cuire 10 minutes pour des biscuits mœlleux et 15 minutes pour des biscuits croquants.

5 Laisse reposer les biscuits 5 minutes sur la tôle puis dépose-les sur une grille jusqu'à ce qu'ils soient complètement refroidis.

Pour varier :
Ajoute au mélange 1/2 tasse de noix hachées ou de pépites de chocolat. Tu peux aussi disposer les noix ou les pépites sur le dessus et former des visages.

Biscuits choco-choc

16 à 20 biscuits

Les biscuits choco-choc sont délicieux avec un grand verre de lait.

Tu auras besoin de :
Un bol à mélanger
Une cuillère de bois
Une cuillère à thé
Une cuillère à soupe
2 tôles à biscuits
Une grille
Des mitaines de four

Ingrédients

1/2 tasse de beurre mou

1/3 tasse de cassonade

1/3 tasse de sucre à glacer

1 œuf frais

1/2 c. à thé de poudre
   à pâte

1/2 c. à thé d'essence
   de vanille

1 tasse de farine tout usage

2/3 tasse de pépites
   de chocolat au lait

Un peu de beurre
   pour graisser les tôles

1 Préchauffe le four à 350 °F.

2 Mets le beurre et la cassonade dans le bol et brasse jusqu'à que ce que le mélange soit onctueux.

3 Casse l'œuf dans le bol, ajoute la poudre à pâte et l'essence de vanille et brasse bien.

4 Ajoute la farine tamisée en une seule fois et mélange un peu, ajoute ensuite les pépites de chocolat.

5 Mets un peu de beurre sur les tôles pour empêcher les biscuits de coller et dépose-y le mélange en cuillerée. Fais attention qu'il y ait suffisamment d'espace entre les biscuits, car ils prendront de l'expansion en cuisant.

6 Demande à un adulte de déposer les biscuits au four pour 15 minutes. Les biscuits seront dorés et croquants.

7 Laisse-les refroidir 5 minutes sur la tôle puis, place-les sur une grille jusqu'à ce qu'ils soient complètement refroidis.

Pour varier :

Pour des biscuits double choco-choc, ajoute 2 c. à table de cacao non sucré en même temps que la farine. Pour des biscuits triple choco-choc, ajoute, en plus du cacao, 1/3 tasse de pépites de chocolat blanc. Tu peux aussi te faire des biscuits choco-noix en ajoutant 1/4 de tasse de noix hachées.

Banana Split

1 portion

Le banana split se déguste depuis de nombreuses années et il demeure toujours aussi populaire.

Tu auras besoin de :
Un couteau
Une cuillère à crème glacée

Ingrédients

Une banane

2 boules de crème ou de yogourt glacé

Garniture :

Sauce au chocolat, à la fraise ou à la framboise

Des fraises, des framboises, des bleuets, des cerises ou des raisins

Des noix hachées ou des pépites de chocolat.

1 Pèle la banane et coupe-la en deux dans le sens de la longueur. Place les deux moitiés dans une coupe à parfait et dépose dessus deux boules de crème ou de yogourt glacé.

2 Recouvre de toutes tes garnitures préférées.

Sucettes glacées

Pourquoi dépenser des sous pour acheter des sucettes glacées quand tu peux en fabriquer de délicieuses à la maison? On peut acheter des moules à sucettes, pour très peu, dans la plupart des grandes surfaces. Pourquoi ne pas économiser ton argent de poche pour t'acheter un moule qui pourra ensuite te servir pendant très longtemps!

Tu auras besoin de :
Un moule à sucettes glacées

Ingrédients

Jus : oranges, pommes, raisins, ananas, fruits mélangés, canneberges
Smoothies : fraises, mangues, bleuets
Nectar : cassis, oranges, citrons
Boissons pétillantes : limonade, crème soda, coca.

1 C'est si facile que tu pourrais le faire les yeux fermés! Tout ce que tu dois faire est de remplir les moules avec ta boisson préférée et de la mettre au congélateur jusqu'à ce qu'elle soit complètement gelée. Fais attention en versant les boissons pétillantes car si tu verses trop vite, les bulles remonteront et le liquide débordera.

Barres tendresse

Environ 10 barres tendres

Tu auras besoin de :
Une casserole
Un bol à mélanger
Une cuillère de bois
Un moule carré de 20 cm
  (8 po) peu profond
Des mitaines de four

Ingrédients

1/2 tasse de beurre
1/4 tasse de cassonade
4 c. à table de sirop
  de maïs
1 1/8 tasses d'avoine
  roulée ou de gruau

1 Préchauffe le four à 350 °F. Beurre le moule.

2 Mets le beurre, la cassonade et le sirop dans la casserole. Avec l'aide d'un adulte, cuit à feu doux jusqu'à ce que le beurre soit fondu et la cassonade complètement dissoute.

3 Ajoute ensuite le gruau et mélange bien. Étends le mélange dans le moule et presse jusqu'à ce qu'il atteigne une épaisseur d'environ 5 cm.

4 Demande à un adulte de déposer le moule dans le four pour 20 à 25 minutes ou jusqu'à ce que le dessus soit bien doré.

5 Laisse tes barres refroidir dans le moule pendant 15 minutes puis, coupe-les en carré ou en rectangle.

Pour varier :
Pourquoi ne pas ajouter
2 c. à table de raisins secs
ou 1 c. à thé de gingembre?

Ailes de poulet croustillantes

4 personnes

La meilleure nourriture est celle que tu peux manger avec tes doigts. Idéal pour la collation ou pour un party !

Tu auras besoin de :

Un bol à mélanger
Une fourchette
Une tôle à biscuits
Des mitaines de four
Des pinces de cuisine

Ingrédients

2 c. à table d'huile d'olive
  ou de tournesol

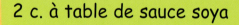

2 c. à table de jus
  d'orange frais
  pressé

2 c. à table de sauce soya

2 c. à table de miel liquide

1/2 c. à thé de paprika

1 gousse d'ail broyée

12 ailes de poulet

1 Mets tous les ingrédients, à part les ailes, dans un bol et mélange à l'aide d'une fourchette.

2 Ajoute ensuite les ailes de poulet et brasse doucement jusqu'à ce qu'elles soient complètement enrobées de sauce. Couvre le bol d'une pellicule plastique et laisse mariner au réfrigérateur durant 1 à 2 heures. De cette façon, le poulet prendra toute la saveur de la sauce.

3 Préchauffe le four à 400 °F.

4 Dépose les ailes sur la tôle en versant dessus le restant de la sauce. Avec l'aide d'un adulte, dépose-les au four pour 15 minutes.

5 Après 15 minutes, et toujours avec un adulte, retire-les du four et retourne-les avec les pinces. En demeurant prudent, tu peux faire cette étape toi-même avec la supervision d'un adulte, mais fais très attention, car la tôle sera très chaude.

6 Remets-les ensuite au four pour un autre 15 minutes.

7 Avant de déguster, assure-toi d'avoir à portée de main, une bonne réserve de serviettes de table !

Pour varier :

Tu peux changer le miel pour du sirop d'érable. Tu peux aussi, lorsque tu sors les ailes après le premier 15 minutes, les saupoudrer des deux côtés de graines de sésame.

Pain à l'ail

1 baguette

Manger de l'ail peut donner une très mauvaise haleine, donc, assure-toi que tout le monde en mange avec toi comme ça, personne ne s'en rendra compte!

Tu auras besoin de :

Un presse-ail
Une planche à découper
Un couteau à beurre
Un petit bol
Une feuille
  d'aluminium
Des mitaines de four
Un couteau à pain

Ingrédients

Une baguette
  française

1/2 tasse de beurre

4 gousses d'ail broyées

1/2 c. à thé
  de sel

1 Préchauffe le four à 350 °F.

2 Dans le bol, mélange l'ail, le beurre et le sel.

3 Maintenant, dépose la baguette sur la planche à découper et demande à un adulte de t'aider à couper les tranches avec le couteau à pain. Les tranches doivent avoir environ 2,5 cm de largeur. Mais attention, tu dois les couper de façon à ce qu'elles restent attachées ensemble, en arrêtant la tranche à 1,5 cm du fond.

4 Avec le couteau à beurre, tartine les fentes de beurre à l'ail et referme-les.

5 Enveloppe la baguette dans le papier d'aluminium en prenant soin de bien refermer les bouts. Demande à un adulte de déposer la baguette dans le four pour 25 minutes.

6 Attends au moins 2 minutes avant d'ouvrir le papier, car ce sera très chaud.

Pour varier :

Pour un pain à l'ail fromagé, pousse, dans les fentes 1/2 tasse de fromage râpé avant de cuire. Pour une baguette aux fines herbes, ajoute au mélange de beurre, des fines herbes fraîches comme du romarin, du persil ou du thym.

Quesadillas, oh là là !

Cette quesadilla est une délicieuse collation rapide et facile à préparer que tu peux faire avec tes amis après l'école ou quand tu rentres de jouer dehors.

Tu auras besoin de :

Une râpe à fromage
Un couteau dentelé
Une planche à découper
Une cuillère
Un bol à mélanger
Des mitaines de four

Ingrédients

1/2 tasse de fromage
   Cheddar râpé

1/2 oignon coupé finement

1 poivron rouge coupé
   finement

1 boîte de 220g
   de fèves mélangées égouttées

1 boîte de 220g
   de maïs sucré égoutté

4 tortillas de 30 cm

1 Râpe le fromage. Demande l'aide d'un adulte pour savoir comment utiliser la râpe sans danger pour tes doigts!

2 En faisant bien attention, pèle et coupe finement l'oignon avec le couteau dentelé sur la planche à découper. Coupe ensuite le poivron en deux et vide complètement l'intérieur avec une cuillère puis, coupe-le en petits carrés.

3 Ouvre les boîtes de fèves et de maïs et enlève complètement le jus. Dépose-les dans le bol à mélanger, ajoute le fromage râpé, l'oignon et le poivron et mélange bien.

4 Étends le mélange sur deux des quatre tortillas et place les deux autres dessus comme pour faire un sandwich.

5 Demande à un adulte de les faire griller au four à « broil » pendant 2 ou 3 minutes de chaque côté, jusqu'à ce qu'ils soient bien dorés. Lorsqu'ils sont prêts, coupe chaque quesadilla en 3 pointes, et voilà, tu peux déguster!

Pour varier :

Tu peux ajouter un ou deux de ces ingrédients à ton mélange :
1/2 tasse de jambon ou de poulet cuit haché
2 tomates coupées en petits carrés
4 champignons en morceaux
2 c. à table de feuille de coriandre hachée finement

Sandwich sourire

2 portions

C'est comme un dessin à manger, et tu peux le rendre différent à chaque fois. Ces visages peuvent être décorés avec n'importe quel ingrédient qui se trouve dans la cuisine et que tu as la permission d'utiliser, bien sûr.

Ingrédients

6 c. à table de fromage cottage

2 tranches de pain

De la moutarde

Du cresson ou de la luzerne

Du paprika

2 petits radis tranchés

De la salsa

Des tranches et des lisières de concombre

Des tranches de poivrons doux

1 Étends le fromage cottage sur les tranches de pain.

2 Mets le cresson ou la luzerne en haut de la tranche pour faire des cheveux et saupoudre du paprika pour les joues.

3 Pour les yeux, place deux tranches de radis avec un petit point de salsa au centre, tu peux aussi utiliser des tranches de concombre et tu auras des yeux d'une autre couleur. Pour le nez, un triangle de concombre et finalement, une tranche de poivron pour la bouche.

Serpent en sandwich

6 portions

Une ssssuper collation à sssservir à tesssss amis!!!

Tu auras besoin de :

Un couteau à pain
Une planche à découper
Un couteau à tartiner
2 petits bâtonnets à cocktail

Ingrédients

1 poivron rouge

Une baguette de pain frais

Du beurre

12 tranches de salami

Quelques tranches de laitue déchiquetées

2 olives farcies

Du ketchup

Pour varier :

Tu peux aussi remplir ton serpent avec des tranches de fromage, du jambon, du poulet, de la salade aux œufs, des tranches de concombre ou de tomate ou n'importe quelle autre garniture que tu aimes!

1 Coupe le poivron en deux et enlève complètement l'intérieur à l'aide d'une cuillère. Coupe-les en languettes minces, garde une tranche plus grosse pour la langue dans laquelle tu feras un V au bout.

2 Coupe la baguette en deux dans le sens de la longueur et, avec le couteau à tartiner, étends du beurre sur toute la longueur. Ajoute d'abord les languettes de poivron puis, le salami et la laitue. Referme bien le sandwich en pesant légèrement dessus.

3 Fabrique ensuite le visage du serpent. Installe la langue sur le bout en la laissant dépasser et colle les olives avec les bâtonnets à cocktail pour les yeux.

4 Pour finir, avec le couteau à pain, coupe la baguette en tranches et place les morceaux en formant un S pour imiter les ondulations d'un serpent. Dessine les rayures en faisant un zigzag le long du dos avec du ketchup.

Végé plaisir !

Avec un peu d'imagination, manger des légumes peut devenir très amusant. Prends un couteau dentelé et coupe, tranche et transforme des légumes en toutes sortes d'animaux et d'objets. Utilise des bâtonnets à cocktail et du fromage à la crème pour coller tes morceaux ensemble. C'est comme une classe d'art plastique dans la cuisine!

Nachos coulants

2 portions

C'est une collation super rapide à faire lorsque tu as un petit creux.

Tu auras besoin de :
Une planche à découper
Un couteau dentelé
Une cuillère
Une râpe à fromage
Un plat allant au four

Ingrédients

1 poivron rouge

10 tranches de
   piments Jalapeño

10 olives noires
   dénoyautées

2/3 tasse de fromage
   cheddar râpé ou de
   mozzarella râpé

1 paquet de croustilles
   tortilla

1 Préchauffe le four à «broil». Coupe le poivron en deux et vide-le complètement à l'aide d'une cuillère puis coupe-le en petits morceaux. Sur la même planche, coupe les piments Jalapeño, attention ces piments sont très forts, lave bien tes mains après et ne touche pas à tes yeux pendant que tu les manipules. Coupe les olives en tranches minces et mélange le tout sur ta planche à découper.

2 Râpe le fromage avec les trous les plus gros de la râpe, fais attention de ne pas y laisser des bouts de doigts. Dispose les croustilles tortilla dans le fond du plat, étends par-dessus les piments et les olives et recouvre le tout avec le fromage.

3 Demande à un adulte de placer le plat sous le gril jusqu'à ce que le fromage soit complètement fondu. Et voilà, c'est prêt à déguster! Fais attention avec le plat, il sera très chaud.

Pour varier :
Tu peux ajouter d'autres ingrédients dans le mélange avec les piments comme des morceaux de tomate, des tranches très minces d'oignon rouge ou des morceaux d'avocat. Si tu as de la salsa ou du guacamole dans ton réfrigérateur, tu peux aussi l'ajouter sur le dessus du mélange.

Collation sur bâton

Pas besoin de t'asseoir pour déguster cette collation.

Tu auras besoin de :
Un couteau dentelé
Une cuillère
Une planche à découper
Des bâtonnets de bois

Ingrédients

1 poivron jaune

1 poivron rouge

1 courgette

12 tomates cerise

12 champignons

Des feuilles de basilic

1 Coupe les poivrons en deux et vide-les complètement à l'aide d'une cuillère puis, coupe-les en carrés de 3 cm. Coupe la courgette en carrés de 2 cm.

2 Prends un bâtonnet et insère quelques légumes en alternant les différentes sortes. Répète l'opération avec un autre bâtonnet jusqu'à ce qu'il ne reste plus de légumes.

Pour varier :
Tu peux aussi faire cuire tes brochettes. Pour cela, trempe les bâtonnets dans l'eau froide durant 30 minutes avant d'y mettre les légumes pour éviter qu'ils ne brûlent, et enduis-les d'un peu d'huile d'olive. Demande à un adulte de les mettre sur la grille du barbecue. Tu sais qu'elles sont prêtes lorsque les légumes commencent à noircir sur les bords.

Champignons maison

Pour une fois, tu as le droit de jouer avec la nourriture !
Ils ressemblent tellement à ces champignons sauvages
rouges et blancs que l'on voit dans les livres d'images.

Tu auras besoin de :
Une planche à découper
Un couteau dentelé
Une cuillère
Des ciseaux

Ingrédients

4 œufs cuits dur

2 tomates moyennes

3 c. à table de fromage
  à la crème

2 bottes de cresson

1 Pèle les œufs en les tapant d'abord sur le bord de la marmite pour les craquer, puis enlève doucement toute la coquille. Coupe les tomates en deux et vide l'intérieur avec une cuillère.

2 Mets un peu de fromage à la crème dans une moitié de tomate et colle-la sur le dessus d'un œuf, puis dépose le tout dans une assiette. Fais de même avec les autres œufs, puis place des petits points de fromage à la crème sur les tomates pour faire les taches des champignons.

3 Coupe des bouquets de cresson avec des ciseaux et place-les autour des champignons pour donner l'effet qu'ils poussent dans l'herbe.

NOTE IMPORTANTE DE SÉCURITÉ

Les vrais champignons poussent à l'extérieur dans des conditions humides, mais plusieurs sont toxiques. Ne prend jamais dans tes mains et ne mange jamais un champignon que tu trouves à l'extérieur, même s'il te paraît savoureux, car tu pourrais t'empoisonner.

Face de burger

4 burgers

Fini les hamburgers ennuyants avec ces amusantes faces de burgers !

Tu auras besoin de :
Un grand bol
Une cuillère de bois
Une tôle à biscuits
Un couteau dentelé
Une planche à découper

Ingrédients

Pour les hamburgers :
500g de bœuf
  haché maigre
1 petit oignon tranché finement
1/4 tasse de chapelure
1 c. à table de sauce
  Worcestershire
1 c. à table de ketchup
Un peu d'huile
2 pains à hamburger

Pour la garniture :
Des feuilles de laitue
Des tomates cerise
  coupées en moitié
Des tranches de fromage
  et de cornichons
Du ketchup et/ou de la mayonnaise
  dans un pot à presser
Quelques grains de poivre noir

1 Préchauffe le four à 400 °F.
Mets tous les ingrédients pour les hamburgers dans le bol à mélanger et brasse bien. Huile légèrement la tôle à biscuits.

2 En gardant les mains mouillées, divise la préparation en quatre et forme des boulettes que tu places sur la tôle à biscuits.

3 Demande à un adulte de les placer au four pour 12 à 15 minutes. Les boulettes devront être retournées au milieu de la cuisson.

4 Vérifie bien le centre de chacune des boulettes afin de t'assurer qu'elles sont bien cuites, il ne doit pas rester de rose au centre. Place les boulettes sur un papier absorbant pour enlever le gras.

5 Place une tranche de laitue et une boulette sur chacune des moitiés de pain.

6 Maintenant commence le plaisir, décorer le hamburger. Tu peux le faire comme tu veux, sois créatif !

7 Pour faire un hamburger comme celui de la photo, mets la moitié d'une tomate cerise au centre pour le nez, ensuite, deux gouttes de mayonnaise pour coller les yeux et un long trait de ketchup pour la bouche. Ajoute une tranche mince d'oignon et de cornichon avec un grain poivre au centre pour les yeux. Attention de ne pas manger le grain de poivre, c'est très piquant !

Pour varier :
Prépare ce plat pour ta famille ou tes amis et laisse-les décorer eux-mêmes leur hamburger.

Tu peux utiliser une variété d'autres ingrédients pour la garniture comme des betteraves, des olives, des champignons, du jambon, du fromage à la crème, du bacon, du maïs sucré et plus encore…

Fusillis aux étoiles filantes

4 portions

C'est un grand souper à préparer et ce sera toi
le chef qui dira aux grands ce qu'il faut faire !

Tu auras besoin de :

Un éplucheur à légumes
  (économe)
Une planche à découper
Un couteau dentelé
Un emporte-pièce
  en forme d'étoile
2 grandes casseroles
Une passoire
Une cuillère de bois
Un tablier

Ingrédients

1 grosse patate douce
1 grosse courgette
1/2 tasse de pois
  mange-tout
1 petit brocoli sans le pied
250g de fusillis non cuits
2 c. à table d'huile d'olive
2 tomates
1 gousse d'ail
1/4 tasse de germe
  de haricots
2 c. à thé de sel

1 D'abord, pèle la patate et coupe-la en tranches d'environ 5 mm (1/4 po). Puis, dépose chaque tranche sur la planche à découper et fais des étoiles avec l'emporte-pièce. Coupe la courgette en tranches de 1 cm (1/2 po). Coupe les pois mange-tout en deux et divise le brocoli en petit bouquet.

2 Pèle et broie la gousse d'ail et coupe la tomate en deux. Enlève les graines et coupe-la en petits morceaux. Demande à un adulte de remplir une marmite avec de l'eau et une cuillerée de sel et de la faire bouillir. Attention de ne pas toucher à l'eau bouillante, c'est très dangereux.

3 Maintenant, comme c'est toi le chef, demande à un adulte de te faire cuire les fusillis dans une autre marmite et de les égoutter dans la passoire.

4 Pendant ce temps, mets les étoiles de patates douces dans l'eau bouillante salée et laisse cuire 5 minutes. Ensuite, ajoute dans la marmite, la courgette, les pois mange-tout et les brocolis et laisse bouillir encore un autre 3 minutes. Égoutte les légumes et ajoute-les aux pâtes.

5 Mets ton tablier et demande l'aide d'un adulte pour la dernière partie. Prends une des marmites et chauffe l'huile sur un feu moyen. Ajoute l'ail et les tomates et laisse cuire durant 2 minutes ou jusqu'à ce que les tomates soient bien défaites, ajoute les germes de haricots, chauffe encore une minute et ajoute les pâtes et les légumes. Brasse le tout sur le feu jusqu'à ce que ce soit bien mélangé et bien chaud. Pour servir, divise en 4 portions.

Pour varier :
Pour changer, tu peux utiliser d'autres variétés de légumes.

À bouillir : des morceaux de carottes, des haricots, ou des pois.

À frire : des tranches minces de poivrons, de champignons ou d'oignons.

Le pâté du pêcheur

Voici une délicieuse façon d'apprêter la prise du jour!

Tu auras besoin de :

Un batteur
Un bol à mélanger
Un éplucheur à légumes (économe)
Une grande marmite
Un pilon
Un presse-citron
Un couteau dentelé
Un grand plat allant au four

Ingrédients

1,25 kg de
  pommes de terre
1/4 tasse de beurre
1/2 tasse de fromage
  à la crème léger
2 tasses de crème 15 %
1 citron
1 c. à thé de sel
1/2 c. à thé de poivre noir
5 c. à table de persil haché
10 oz de poisson blanc fumé
10 oz de grosses crevettes
  roses cuites
2 courgettes coupées en morceaux
1/4 tasse de maïs sucré
1/4 tasse de fromage
  cheddar râpé

1 Préchauffe le four à 400 °F.

2 Pèle les pommes de terre et coupe-les en gros morceaux, puis, avec l'aide d'un adulte, fais-les bouillir dans une marmite durant 15 minutes et égoutte-les. Lorsqu'elles sont un peu refroidies, écrase-les en purée avec le pilon, ajoute le beurre et écrase de nouveau.

3 Fais la sauce en battant ensemble le fromage et la crème jusqu'à ce que le mélange soit bien homogène. Ramasse le zeste du citron, extrais-en le jus et ajoute cela dans la sauce. Ajoute le sel, le poivre et le persil et brasse bien. Enfin, additionne à ta sauce 4 c. à table de la purée de pommes de terre pour l'épaissir.

4 Coupe le poisson en gros morceaux et additionne-le à la sauce avec les courgettes, les crevettes et le maïs. Dépose le tout dans un grand plat allant au four.

5 Recouvre le poisson et la sauce de purée de pommes de terre, commence à étendre la purée sur le bord du plat et va ensuite vers le centre. Passe une fourchette sur la surface, cela rendra la purée plus croustillante.

6 Saupoudre le fromage cheddar sur le dessus et demande à un adulte de le mettre au four pour 35 à 40 minutes ou jusqu'à ce que le dessus soit bien doré. Tu peux servir ce plat avec des pois ou des haricots verts.

Pour varier : Sur la photo, nous n'avons pas recouvert le centre de purée, afin que tu puisses bien voir le mélange, assure-toi de bien recouvrir tout le plat lorsque tu feras ta recette. Si tu as une poche pour la décoration de gâteau, tu peux l'utiliser pour étendre la purée, cela donnera à ton plat, une allure professionnelle. Tu peux aussi ajouter à la sauce, d'autres poissons comme du saumon ou de la truite ou encore 4 œufs à la coque coupés en quatre.

Poisson doré et frites

Tu auras besoin de :
Un éplucheur à légumes (économe)
Un couteau dentelé
Une marmite
Un pilon
Un bol à mélanger
Une fourchette
Un plat à griller en métal
3 bols non profonds
Une poêle à frire

Ingrédients

Pour le poisson doré :
250g de pommes de terre
1 c. à table de beurre
250g de poisson blanc
  (morue, aiglefin, sole, etc.)
3 c. à table de farine tout usage
1 œuf frais battu
1/3 tasse de chapelure de pain
De l'huile d'olive
Pour les frites :
4 grosses pommes
  de terre
1 à 2 c. à table d'huile
  de tournesol

1 Pour faire le poisson doré, pèle les pommes de terre et coupe-les en gros morceaux. Demande à un adulte de les faire bouillir dans une marmite 15 minutes puis égoutte-les. Laisse-les refroidir un peu et fais-en de la purée en ajoutant le beurre.

2 Ensuite, demande à un adulte de mettre le poisson dans une marmite d'eau bouillante et de cuire 8 minutes (garde le rond à basse température juste pour que l'eau continue de bouillir). Lorsque c'est cuit, demande à un adulte de retirer le poisson de l'eau et de le déposer dans un bol. Lorsqu'il est suffisamment refroidi, défais-le en morceaux et enlève bien toutes les arêtes qui pourraient rester.

3 Mélange les pommes de terre et le poisson dans le bol, ajoute le persil, une pincée de sel et de poivre et brasse bien.

4 Avec les mains mouillées, divise le mélange en 4 et moule des formes de poissons. Lorsque c'est terminé, dépose-les au réfrigérateur pendant 30 minutes afin de les raffermir.

5 Maintenant, prends les 3 petits bols et mets la farine dans le premier, l'œuf dans le deuxième et la chapelure dans le troisième. Pour bien recouvrir les poissons, roule-les d'abord dans la farine en tapotant pour enlever l'excès puis, trempe-les dans l'œuf et dans la chapelure en pressant bien pour qu'ils soient entièrement recouverts.

6 Avec l'aide d'un adulte, chauffe l'huile d'olive dans la poêle à frire et fais griller les poissons durant 4 à 5 minutes de chaque côté ou jusqu'à ce qu'ils soient bien dorés.

7 Pour faire les frites, préchauffe le four à 425 °F. Pèle les pommes de terre et tranche-les en baguette de 1 cm. Dépose-les dans la rôtissoire de métal, verse ensuite l'huile de tournesol dessus et mélange bien jusqu'à ce qu'elles soient complètement enduites.

8 Avec un adulte, dépose-les au four durant 15 minutes en les brassant de temps en temps ou jusqu'à ce qu'elles aient une belle couleur dorée.

Pour varier : Tu peux aussi ajouter, au mélange de pommes de terre, 4 tiges de ciboulette finement hachées ou 4 tranches de bacon cuit émietté. Pour les frites, tu peux les faire avec des patates douces ou de la citrouille.

Plat de pâtes au four

4 portions

Un délicieux petit repas chaud pour une froide soirée d'hiver.

Tu auras besoin de :
Un couteau dentelé
2 marmites
Une passoire
Une râpe à fromage
Un grand plat pour le four

Ingrédients

350g de pâtes non cuites
(celles sur l'image se
nomment des pennes)

1 brocoli

1/2 tasse de fromage
  cheddar râpé

1/2 tasse de jambon
  cuit coupé en morceaux

1 boîte de 400g
  de tomates en morceaux

2 c. à thé d'origan séché

Sel et poivre

1 Préchauffe le four à 400 °F.

2 Coupe les brocolis en petits
bouquets. Demande à un adulte
de remplir les deux marmites d'eau
et de les mettre à bouillir. Puis,
demande-lui de cuire les brocolis
5 minutes dans une et de faire
cuire les pâtes le temps requis
sur l'emballage, dans l'autre.

3 Lorsque c'est prêt, demande à
l'adulte d'égoutter les pâtes et
les légumes dans la passoire.

4 Lorsqu'ils ont un peu refroidi,
dépose les pâtes et les brocolis dans
le grand plat pour le four et ajoute
le jambon, les tomates, l'origan, une
pincée de sel et un petit peu de
poivre. Mélange bien tous les
ingrédients puis, saupoudre le
fromage cheddar râpé sur le dessus.

5 Demande à un adulte de le déposer
au four pour 20 à 25 minutes ou
jusqu'à ce que le fromage commence
à griller.

Pour varier :

Essaie en remplaçant le brocoli par d'autres légumes comme des courgettes, des poivrons, des haricots ou des champignons et en changeant le jambon pour du bacon, du thon ou du poulet cuit. Utilise différentes variétés de pâtes, tu obtiendras des résultats surprenants !

Riz et pois

4 portions

C'est simple, mais délicieux, c'est un repas idéal pour les végétariens.

Tu auras besoin de :
Une grande marmite
Une passoire
Un grand bol
Un presse-citron

Ingrédients

3/4 tasse de riz

1 tasse de pois congelés

1 boîte de 410g de pois chiches égouttés

5 c. à table d'huile d'olive

Le jus d'un citron

Sel et poivre

1 Demande à un adulte de cuire le riz selon les instructions de l'emballage. Demande-lui d'ajouter les pois congelés 4 à 5 minutes avant la fin. Lorsque le riz et les pois sont prêts, place-les dans la passoire et rince-les à l'eau froide pour les refroidir.

2 Dépose le riz, les pois et les pois chiches dans le bol à mélanger.

3 Ajoute au mélange, le jus de citron, l'huile, le sel et le poivre et brasse afin de bien mélanger toutes les saveurs.

Pour varier :
Tu peux ajouter à ce plat, d'autres variétés de légumes comme des tranches de poivron, du maïs sucré, des oignons espagnols ou des champignons. Tu peux aussi remplacer les pois chiches par la même quantité de doliques cuits ou un autre légumineux.

Tortilla espagnole

Une tortilla espagnole est une recette simple à cuisiner pour toute la famille. En fait, c'est une omelette sauf qu'en Espagne, on l'appelle tortilla, à ne pas confondre avec la tortilla mexicaine, qui n'est pas du tout la même chose.

Tu auras besoin de :

Une grande poêle à frire
Un couteau dentelé
Une planche
 à découper
Une cuillère
Un bol à mélanger
Une fourchette
Une spatule
Des mitaines de four
Un tablier

Ingrédients

1 oignon

1 poivron rouge

250g de pommes
 de terre cuites

8 œufs

Sel et poivre

2 c. à table d'huile d'olive

1 Prudemment, à l'aide du couteau dentelé, pèle et coupe finement l'oignon sur la planche à découper. Coupe le poivron en deux et vide complètement l'intérieur avec une cuillère, puis coupe-le en petits morceaux.

2 Ensuite, coupe les pommes de terre en morceaux en gardant la pelure. Casse les œufs dans le bol, ajoute le sel et le poivre et bat avec une fourchette. Tu auras maintenant besoin d'un adulte pour cuire ton omelette, tu auras également besoin de tes mitaines et ton tablier.

3 Réchauffe la poêle sur le feu de la cuisinière à chaleur maximum, verse l'huile et chauffe-la à feu moyen. Ajoute l'oignon et les poivrons et cuit pendant 5 minutes, retourne-les avec la spatule. Fais attention, la poêle sera très chaude. Ajoute les pommes de terre et cuit encore 2 minutes.

4 Verse sur le contenu de la poêle, le mélange aux œufs. Réduis le feu au minimum et laisse cuire l'omelette sans brasser pendant 4 à 5 minutes ou jusqu'à ce que le dessous soit bien cuit, mais le dessus encore un peu liquide. Maintenant, très prudemment, place la poêle sous le gril pour 2 minutes ou jusqu'à ce que l'omelette soit gonflée et dorée.

5 Avec la spatule, divise l'omelette en 4 et dépose chaque morceau dans une assiette. L'omelette espagnole se sert très bien avec une salade.

Pour varier :
Tu peux ajouter 1 ou 2 de ces ingrédients :

3 c. à table de fromage râpé ou de jambon haché dans le mélange aux œufs, ou 1/2 tasse de saucisses espagnoles que tu cuis avec les oignons ou encore, 2 tomates en morceaux en même temps que les pommes de terre.

Faire une pizza, du plaisir pour tous

4 pizzas

Si tu cuisines pour toute la famille ou si tu reçois tes amis, prépare toi-même la pâte puis, laisse à chacun le plaisir de créer sa propre pizza!

Tu auras besoin de :

Un robot culinaire
Un grand bol
Un rouleau à pâtisserie
4 tôles à biscuits
  (si tu veux cuire toutes les pizzas en même temps)

Pour la pâte :

650g de farine à pain
1 sachet de 7g
  de levure sèche
2 c. à thé de sel
1 c. à thé de sucre
1 1/2 tasse d'eau tiède

Pour la sauce aux tomates, mélange ensemble :

2 gousses d'ail broyées
1 boîte de 400g
  de tomates
1 c. à thé de sucre
3 c. à table d'huile
  d'olive
1 c. à table d'origan séché

Pour faire la pâte

1 Mets la farine, la levure, le sel et le sucre dans le robot culinaire. Demande l'aide d'un adulte.

2 Actionne le robot à vitesse moyenne et ajoute doucement l'eau jusqu'à ce que le mélange forme une grosse boule. Saupoudre une surface de travail de farine et place la pâte dessus.

3 Et maintenant, un peu de plaisir, le pétrissage. Tout simplement tu dois pousser, rouler, étirer et plier la pâte encore et encore jusqu'à ce qu'elle soit lisse et extensible. Tu dois faire cela durant 3 à 5 minutes.

4 Ensuite, place la pâte dans un bol propre et recouvre-la d'un linge à vaisselle propre et humide. Laisse-la reposer pendant 1 h à 1 h 30 ou jusqu'à ce qu'elle ait doublé de volume.

5 Allume le four pour qu'il soit très chaud et commence à préparer la sauce aux tomates. Mets les tomates, l'ail, l'origan, le sucre et l'huile dans un bol et écrase le tout avec une fourchette pour en faire une sauce homogène.

6 Maintenant, prends la pâte, donne un coup de poing au centre pour en faire sortir l'air et divise-la en 4. Roule chaque morceau en carré ou en cercle de 0,5 cm d'épaisseur et place-les sur une tôle à biscuits enfarinée. Étends sur chacune, 2 à 3 cuillère à table de sauce tomate en laissant un espace autour pour la croûte. Tu peux maintenant placer la garniture.

Garniture

Chaque personne aime sa pizza avec une garniture différente. Voici quelques idées pour t'aider à commencer. Oh! et souviens-toi qu'en Italie, d'où est originaire la pizza, on met très peu de sauce aux tomates, car une pizza trop imbibée de sauce ne goûte pas très bon.

Fromage : des cubes de mozzarella (ils vont s'étendent en cuisant) ou du cheddar râpé.
Viande : jambon, pepperoni, poulet grillé ou bacon cuit.
Légumes : poivrons rouges ou verts, champignons, tomates, courgettes, épinards.

Demande à un adulte de déposer tes pizzas dans le four pour 7 à 10 minutes ou jusqu'à ce que la croûte soit dorée et le fromage soit fondu.

Fajitas

Tu auras besoin de :

Une planche à découper
Un couteau dentelé
Une cuillère
Un bol à mélanger
Une rôtissoire

Ingrédients

1 oignon rouge

1 poivron rouge

1 poivron jaune

4 poitrines de poulet
  sans la peau

3 c. à table d'huile d'olive

Le jus d'une lime

1 c. à thé de cumin moulu

1 c. à thé de paprika

1 c. à thé d'origan

1 avocat

8 tortillas souples
  de 25 cm

De la crème sure, du fromage
  gratiné, de la salsa et des
  piments Jalapeño pour servir.

1 Préchauffe le four à 400 °F.

2 Coupe les piments en deux et, à l'aide d'une cuillère, enlève tout le blanc à l'intérieur puis coupe-les en petits morceaux. Pèle l'oignon et coupe-le également en petits morceaux. Coupe ensuite les poitrines de poulet en lanières de 1 cm que tu déposes dans le bol avec l'oignon.

3 Mélange ensemble dans un petit plat, l'huile, le cumin, le paprika et l'origan et verse le tout dans le bol avec le poulet. Ajoute tous les légumes et brasse bien jusqu'à ce que tous les ingrédients soient bien mélangés.

4 Dépose le mélange dans la rôtissoire et demande à un adulte de le déposer au four pour 12 minutes. À la moitié du temps, sors le plat du four et brasse le mélange. Pendant que tout est au four, pèle et coupe l'avocat. La façon la plus facile est de le couper d'abord en deux en partant du haut, enlever gros noyau du centre et, à l'aide d'une grosse cuillère, ramasser tout l'intérieur jusqu'à la pelure.

5 Lorsque le poulet est bien cuit et qu'il n'a plus de rose au milieu, demande à un adulte de mettre le mélange dans un plat que tu déposes sur la table avec les avocats, les tortillas et tous les autres ingrédients.

6 Laisse chacun faire lui-même sa fajita, en mettant un peu de chaque ingrédient dans la tortilla qu'on roule ensuite.

Pour varier :
Essaie d'autres variétés de légumes dans tes fajitas comme des tranches de courgettes ou de champignons. Ou, pourquoi pas un petit goût d'herbe fraîche en saupoudrant le mélange de poulet et de légumes, d'une cuillerée ou deux de feuilles de coriandre hachées avant de le servir?

Croquettes de pommes de terre

4 portions

Quelle amusante façon de servir des pommes de terre !

Tu auras besoin de :

Un couteau à peler
Une râpe à fromage
Un bol à mélanger
Une tôle à biscuits
Un couteau

Ingrédients

4 grosses pommes
  de terre

1 œuf frais

1/3 de tasse de
  beurre fondu

Pour décorer :

Des tranches de radis
  ou de tomates cerise

Des tranches de
  poivrons rouges

Pour varier :
Essaie de remplacer la moitié
des pommes de terre par de la
citrouille, des patates douces
ou du panais hachés.

1 Préchauffe le four à 425 °F.

2 Pèle les pommes de terre à l'aide du couteau à peler et hache-les à l'aide de la râpe à fromage. Attention à tes doigts !

3 Mets les pommes de terre dans le bol à mélanger et ajoute l'œuf battu et le beurre fondu. Brasse bien ensemble tous les ingrédients et divise le mélange en 4. Avec chaque portion, forme une galette que tu déposes ensuite sur la tôle.

4 Avec un adulte, dépose les galettes au four pour 15 minutes. Prudemment, retourne chaque galette et remets-les au four pour un autre 10 à 15 minutes ou jusqu'à ce qu'elles soient bien dorées et croustillantes.

5 Retire les galettes du four et dispose-les dans une assiette. Pour faire les visages, mets des tranches de radis ou de tomates cerise pour les yeux et une tranche de poivron rouge pour la bouche.

Salade grecque

4 portions

Cette rapide et délicieuse recette de salade
est dégustée dans toute la Grèce.

Tu auras besoin de :
Un couteau dentelé
Une planche à découper
Un grand bol à mélanger
Un bocal avec couvercle

Ingrédients

Pour la salade :
1 laitue iceberg
200g de fromage feta
6 tomates
1 concombre moyen
16 olives noires
  dénoyautées

Pour la vinaigrette :
3 c. à table d'huile d'olive
1 c. à table de jus de citron
1 c. à thé de moutarde de Dijon
1 c. à thé d'origan
Une pincée de poivre noir

1 Pour commencer, tranche la laitue et coupe les tomates, le concombre et le fromage feta en gros morceaux que tu déposes dans le bol avec les olives noires.

2 Pour faire la vinaigrette, mets l'huile d'olive, le jus de citron, la moutarde, l'origan et la pincée de poivre dans le bocal et referme bien le couvercle.

3 Lorsque tu es prêt à servir la salade, brasse bien la vinaigrette dans le bocal. Ensuite, verse-la sur la salade et mélange doucement en soulevant afin que tous les ingrédients soient bien enrobés de vinaigrette.

4 Dépose le bol sur la table et laisse chacun se servir lui-même.

Pour varier :
Essaie d'ajouter la moitié d'un oignon rouge coupé en tranches ou encore, 2 c. à table de persil frais haché ou des feuilles de menthe à ta salade.

Poulet en brochette

4 portions

Impressionne ta famille avec ces délicieuses brochettes de poulet.

Tu auras besoin de :

Un couteau dentelé
Une planche à découper
Un presse-jus
Des bâtonnets de bois
    trempés dans l'eau froide

Ingrédients

1 oignon rouge

2 poivrons rouges

4 poitrines de poulet
    sans la peau

2/3 tasse d'huile
    d'olive

1 c. à thé de paprika

2 gousses d'ail finement
    hachées

Le jus d'une lime

1 Avec précaution, pèle l'oignon avec le couteau dentelé et coupe-le en gros morceaux de 2,5 cm. Coupe le poivron en deux, vide l'intérieur à l'aide d'une cuillère et coupe-le en morceaux de la même grosseur que pour l'oignon. Fais de même pour le poulet.

2 Mélange l'huile, le paprika, l'ail et le jus de lime dans un bol et ajoute le poulet. Laisse mariner le tout dans le réfrigérateur pendant une heure, le temps que toutes les saveurs se mélangent bien.

3 Lorsque tu es prêt à cuire les brochettes, pique les morceaux de poulet en alternance avec les légumes sur les bâtonnets de bois jusqu'à ce qu'ils soient presque remplis.

4 Demande à un adulte de cuire les brochettes sur la grille du barbecue pendant 7 à 10 minutes en les retournant de temps en temps. Pour vérifier la cuisson coupe un morceau de poulet, il ne doit pas rester de rose à l'intérieur.

Pour varier :
Tu peux mettre des courgettes, des champignons ou des tomates cerise sur ta brochette ou ajouter des fines herbes et des épices, comme de l'origan ou du cumin, dans ta marinade.

Soupe aux tomates

4 portions

Tu auras besoin de :
Un tablier
Une planche à découper
Un couteau dentelé
Une grande marmite
Un mélangeur

Ingrédients

1 gros oignon

1 c. à table d'huile
  d'olive

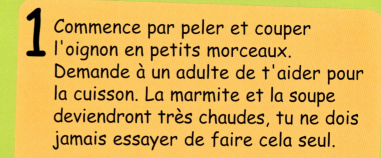

1 boîte de 400g
  de tomates broyées.

1 c. à table de purée
  de tomates

Une pincée de basilic haché

2 tasses de bouillon
  de légumes

1/2 c. à thé de sel

1/2 c. à thé de
  poivre noir

Une feuille de basilic
  pour décorer

1 Commence par peler et couper l'oignon en petits morceaux. Demande à un adulte de t'aider pour la cuisson. La marmite et la soupe deviendront très chaudes, tu ne dois jamais essayer de faire cela seul.

2 Dépose l'huile et l'oignon dans la marmite et chauffe sur le poêle à basse température pendant 10 minutes ou jusqu'à ce que l'oignon soit ramolli.

3 Ajoute le reste des ingrédients et laisse mijoter (il faut que la soupe bouillonne à peine) pendant 30 minutes en brassant de temps en temps.

4 Laisse refroidir un peu et demande l'aide d'un adulte pour la suite. Prudemment, verse la soupe dans le mélangeur, mets le couvercle et maintiens-le en place. Brasse jusqu'à ce que le mélange devienne onctueux puis remets-le dans la marmite. Chauffe jusqu'à ce qu'elle soit assez chaude et sers-la avec quelques morceaux de pain croustillants. Décore avec les feuilles de basilic.

Pour varier :
Tu peux ajouter 3 c. à soupe de crème 15 % ou 35 % dans ta soupe à la fin alors qu'elle est encore chaude. Tu obtiendras une crème de tomates !

Salade verte au poulet et au bacon

4 portions

C'est un délicieux plat pour toute la famille.

Tu auras besoin de :

Une planche à découper
Un couteau dentelé
Un grand bol
Un bocal avec couvercle

Ingrédients

Pour la salade :

1 petite laitue
1 concombre
6 tomates
1 poivron vert
1/2 d'un oignon espagnol
2 poitrines de poulet cuit
8 tranches de bacon grillé

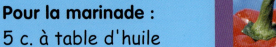

Pour la marinade :

5 c. à table d'huile d'olive
2 c. à table de jus de citron
2 c. à table de moutarde de Dijon
1 c. à table de miel liquide

1 Sur la planche à découper, coupe tous les ingrédients de la salade en morceaux de la même grosseur. Dépose tous ces ingrédients dans le bol à mélanger.

2 Pour faire la vinaigrette, mets tous les ingrédients de la vinaigrette dans le bocal, ferme bien le couvercle et brasse jusqu'à ce que tout soit bien homogène. Tu peux la préparer à l'avance et la conserver au réfrigérateur.

3 Lorsque tu es prêt à manger ta salade, brasse le bocal un bon coup puis verse-la sur la salade. Mélange bien en soulevant afin que tous les ingrédients soient bien recouverts de vinaigrette, puis, dépose le bol sur la table et laisse chacun se servir lui-même.

Pour varier :

Utilise d'autres variétés de légumes et de laitue comme des courgettes, des petits oignons français, de la roquette ou du cresson. Tu peux aussi remplacer le poulet et le bacon par des cubes de fromage et du jambon ou du thon. Essaie-les tous, tu verras ce que tu préfères.

Pouding au pain et au beurre

6 portions

Tu auras besoin de :

Un bol à mélanger
Un couteau à beurre
Un fouet
Un moule à gâteau ou
   une assiette à tarte
Des mitaines de four

Ingrédients

2/3 tasse de raisins secs

12 tranches de pain
   blanc sans la croûte

1/2 tasse de beurre
   non salé, ramolli

4 œufs battus

1/2 tasse de sucre fin

2 c. à thé d'essence
   de vanille

2 1/4 tasses de lait

1 tasse de crème 35 %

1 c. à thé de cannelle en poudre

2 c. à table de cassonade

1 Préchauffe le four à 350 °F.

2 Dépose la moitié des raisins secs dans le fond du moule ou de l'assiette. Étends le beurre sur un côté des tranches de pain et coupe chacune des tranches en deux.

3 Avec le fouet, mélange ensemble les œufs battus, le sucre, le lait, la crème et la vanille et fouette bien quelques minutes.

4 Ensuite, dispose les tranches de pain dans le moule ou l'assiette afin qu'elles recouvrent complètement le fond. Dépose par-dessus, le reste des raisins et verse le mélange à l'œuf.

5 Saupoudre avec la cannelle et la cassonade et demande à un adulte de déposer le pouding dans le milieu du four. Laisse cuire pendant 30 à 40 minutes ou jusqu'à ce que le dessus soit bien doré.

6 Avec les mitaines de four, dépose le pouding sur la table et laisse chacun se servir une portion à l'aide d'une grosse cuillère.

Pour varier :

Tu peux remplacer le beurre non salé par de la marmelade d'oranges ou du beurre d'arachide. Tu peux aussi remplacer les raisins par des pépites de chocolat.

Salade de fruits

Bonne pour la santé et amusante à faire,
tu peux choisir tes fruits préférés.

Tu auras besoin de :
Un couteau dentelé
Une planche à découper

Ingrédients

1/2 tasse de jus d'orange
  ou de pomme
2 c. à table de miel liquide
1 tasse de yogourt nature

À ton choix :
Des fraises
Des framboises
Des kiwis
Des mangues
Des oranges
Des poires
Des pommes
Des prunes
Des raisins
Des melons
  (différentes variétés)

1 Coupe tous les fruits que tu as choisis en gros morceaux égaux. Place-les dans un petit bol et enrobe-les avec un peu de jus de fruits, cela va les empêcher de brunir.

2 Mélange ensemble le miel et le yogourt et verse le mélange sur les fruits.

Pour varier :
Ajoute des noix hachées ou des morceaux de fruits séchés.

Soupe à la citrouille

6 à 8 portions

C'est une soupe parfaite pour un party d'Halloween.
Sers-la dans une citrouille vide.

Tu auras besoin de :
Une marmite
Un tablier
Un couteau dentelé
Une planche à découper
Un mélangeur

Ingrédients

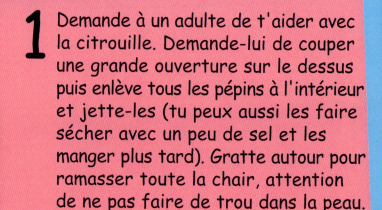

Une grosse citrouille pour avoir
   au moins 750 g de chair

2 c. à table d'huile
   d'olive

1 gros oignon haché

2 c. à thé de cumin

2 c. à thé de paprika

1 c. à table de coriandre

2 gousses d'ail finement
   hachées

2 1/4 tasses de bouillon
   de légumes

2 1/4 tasses de lait

1 c. à thé de sel

1/2 c. à thé de poivre

1 Demande à un adulte de t'aider avec la citrouille. Demande-lui de couper une grande ouverture sur le dessus puis enlève tous les pépins à l'intérieur et jette-les (tu peux aussi les faire sécher avec un peu de sel et les manger plus tard). Gratte autour pour ramasser toute la chair, attention de ne pas faire de trou dans la peau.

2 Mets le tablier et demande à un adulte de t'aider pour la cuisson. La marmite et la soupe deviendront très chaudes, n'essaie jamais de le faire tout seul.

3 Chauffe l'huile dans la marmite et ajoute l'oignon et l'ail. Brasse bien. Réduis le feu et laisse cuire à feu doux pendant 10 minutes ou jusqu'à ce que les oignons soient bien ramollis.

4 Ajoute les épices et brasse 2 ou 3 minutes avant de mettre tous les autres ingrédients, incluant la chair de citrouille. Laisse mijoter (le mélange doit à peine frémir) pendant 30 minutes en brassant de temps en temps.

5 Laisse la soupe refroidir pendant 20 minutes et demande à un adulte de t'aider pour la suite. Verse avec précaution, la soupe dans le mélangeur, mets le couvercle et tiens-le bien pendant que tu brasses. Mélange jusqu'à ce que la soupe ait une texture bien onctueuse, comme il y a beaucoup de soupe, tu devras certainement le faire en 2 ou 3 fois.

6 Remets la soupe dans la marmite et réchauffe-la avant de la servir avec du pain à l'ail, ça éloignera les vampires !

Pour varier :

Pour servir la soupe dans une tête de citrouille, dessine un visage sur la citrouille vide avec un marqueur permanent. Puis, dépose la tête dans un four préchauffé à 300 °F pendant 10 à 15 minutes avant de mettre la soupe dedans. Décore avec des feuilles de persil. Prépare quelques pains à l'ail aux formes originales en les découpant avec des emporte-pièce aux formes d'Halloween.

Les biscuits du Lapin de Pâques

16 à 20 biscuits

Tu auras besoin de :
Un bol à mélanger
Une cuillère de bois
Un emporte-pièce
  en forme de lapin
Une spatule
Une tôle à biscuits
Une grille
Un rouleau à pâtisserie

Ingrédients

1 1/2 tasses de farine
  à gâteau

Une pincée de sel

1 tasse de beurre froid
  en cubes

1/2 tasse de sucre fin

Décoration :

Pépites de chocolat
ou des petits bonbons
pour les yeux.

1 Préchauffe le four à 400 °F. Mets la farine, le sel et le beurre dans le bol et brasse avec tes doigts jusqu'à ce que le mélange ait la texture de la chapelure.

2 Ajoute le sucre et brasse jusqu'à ce que le mélange forme une boule.

3 Dépose le mélange sur une surface de travail enfarinée et roule la pâte jusqu'à ce qu'elle atteigne une épaisseur d'environ 1 cm.

4 Graisse la tôle avec un peu de beurre, forme les biscuits avec l'emporte-pièce et dépose-les sur la tôle à biscuits avec la spatule. Dépose une pépite de chocolat ou un bonbon pour l'œil sur chaque biscuit.

5 Demande à un adulte de les déposer au four pour 15 à 20 minutes ou jusqu'à ce qu'ils soient bien dorés. Avec la spatule, dépose-les doucement sur la grille et laisse-les refroidir complètement.

Clowns à la crème glacée

8 portions

Tu auras besoin de :
Une cuillère à crème
   glacée
8 petits moules à gâteaux

Ingrédients

Un pot de ta saveur
   préférée de crème
   glacée
8 cornets
2 paquets de
   « Smarties » ou
   de « M&M »

1 Fais tout cela rapidement sinon la crème glacée fondra. Prends la cuillère à crème glacée et dépose une boule dans chacun des moules. Fais des visages en enfonçant des « Smarties » ou des « M&M » sur le devant. Mets les cornets sur le dessus des boules et dépose le tout au congélateur.

2 Tout ce qu'il te reste à faire, c'est de te préparer pour ton party.

Fruits en brochette

Tu peux utiliser n'importe quel fruit pour ces brochettes, commence par tes préférés puis essaie en d'autres que tu n'as jamais goûtés.

Tu auras besoin de :
Un couteau dentelé
Une planche à découper
Des bâtonnets de bois

Ingrédients

Quelques suggestions de fruits :

Des pommes

Des raisins

Des cerises

Des melons

Des mangues

Des poires

1 Tout ce que tu as à faire est de couper tes fruits en morceaux de grosseur égale. Enlève les pépins, les noyaux ou les pelures dures comme celle de la mangue ou des melons.

2 Pousse les morceaux sur les baguettes en alternant les fruits, assure-toi d'assortir les formes et les couleurs pour que ce soit plus joli.

Note :
Si tu utilises des poires ou des pommes, enrobe-les d'abord d'un peu de jus d'orange ou de citron pour les empêcher de brunir.

Mini hamburgers

4 portions

Tu auras besoin de :
Un grand bol
Une cuillère de bois
Une tôle à biscuits
Un couteau dentelé
Une planche à découper
12 bâtons à cocktail

Ingrédients

Un petit peu d'huile d'olive

Du ketchup aux tomates

12 petits pains ronds coupés
   en deux

6 tranches de fromage
   suisse coupées en 4

3 petites tomates tranchées

Pour les boulettes :

500g de bœuf haché

1/4 tasse de chapelure

1 petit oignon finement
   haché

2 œufs frais battus

1 c. à table de sauce
   Worcestershire

1 c. à table de ketchup
   aux tomates

1 Préchauffe le four à 400 °F. Mets tous les ingrédients pour les boulettes dans le bol et mélange bien. Graisse la tôle à biscuits avec l'huile d'olive.

2 Avec les mains mouillées, divise le mélange en 12 boules que tu aplatis pour en faire des petites boulettes que tu déposes sur la tôle huilée.

3 Avec un adulte, place les boulettes au four pour 10 à 12 minutes en les retournant au milieu de la cuisson. Pendant que les boulettes cuisent, commence à préparer les pains. Pour chaque pain, badigeonne d'un peu de ketchup chacune des moitiés et dépose-y une tranche de fromage.

4 Lorsque les boulettes sont prêtes, vérifie la cuisson en t'assurant qu'il ne reste aucune trace de rose à l'intérieur. Ensuite, pour chacun dépose une boulette, ajoute par-dessus, une autre tranche de fromage, une tranche de tomate et remets le dessus du petit pain.

5 Pique un bâton à cocktail au milieu de chaque pain afin de tout retenir. N'oublie surtout pas d'enlever le bâton avant de déguster !

Gâteau d'anniversaire

Tu te souviendras certainement d'un anniversaire célébré en famille avec un gâteau que tu auras fait toi-même.

Tu auras besoin de :

2 moules ronds de
  18 cm (7po)
Des ciseaux
Du papier ciré
Une cuillère de bois
Un couteau à tartiner
Un grand bol
Un tamis
Une grille

Autant de chandelles d'anniversaire que l'âge de la personne à qui est destiné le gâteau

Ingrédients

3/4 tasse de beurre mou
3/4 tasse de sucre fin
3 œufs moyens
1 c. à thé d'essence de vanille
3/4 tasse de farine à gâteau tamisée
1 c. à thé de poudre à pâte

Pour le glaçage :

5 ou 6 cuillerées de confiture
  d'abricots
1/3 tasse de beurre non salé
1/3 tasse de sucre à glacer
3 gouttes d'essence de vanille
Du brillants et autres décorations
  à gâteaux

1 Graisse d'abord le contour des moules. Place un moule sur deux feuilles de papier ciré et trace le contour, ensuite, découpe en suivant la ligne afin de former deux ronds. Puis, pour chacun des moules, étends un petit peu de beurre au fond et dépose par-dessus un rond de papier de façon à ce que le fond soit complètement recouvert.

2 Préchauffe le four à 375 °F. Mets le sucre et le beurre dans le bol et mélange bien jusqu'à ce que ce soit bien crémeux. Ajoute ensuite les œufs et l'essence de vanille et bats encore jusqu'à ce que tu obtiennes une texture mousseuse.

3 Tamise la farine dans un bol, puis, ajoute-la au mélange et brasse bien.

4 Divise le mélange dans les 2 moules et lisse bien le dessus avec un couteau. Demande à un adulte de les déposer au milieu du four pour 20 minutes ou jusqu'à ce que le dessus soit bien doré. Pour vérifier la cuisson, insère un cure-dent au centre du gâteau, s'il en ressort propre, c'est que le gâteau est cuit.

5 Laisse le gâteau refroidir 5 minutes, puis, renverse-le sur la grille. Lorsqu'il est complètement refroidi, demande à un adulte de couper chacune des moitiés en 3 tranches avec un couteau à pain.

6 Badigeonne chacune des tranches de 2 ou 3 cuillerées de confiture d'abricots. Empile chaque tranche une par-dessus l'autre, ne mets pas de confiture sur la dernière tranche du dessus.

7 Pour faire le glaçage, mets le beurre et le sucre en poudre dans un bol et bats en crème. Ajoute la vanille et 1 c. à table d'eau. Bats bien, jusqu'à ce que le mélange soit crémeux et facile à étendre. S'il est trop épais, ajoute une cuillerée d'eau.

8 Recouvre complètement le gâteau de glaçage à l'aide d'un couteau à tartiner puis décore-le à ton goût.

Pour varier :
Pour un gâteau au chocolat, ajoute 2 c. à table de poudre de cacao non sucré avec la farine. Pour un glaçage au chocolat, ajoute au mélange 1 c. à table de poudre de cacao non sucré et 1 c. à table d'eau.

Biscuits chauve-souris

10 à 12 biscuits

Ces délicieux biscuits sont parfaits pour un party d'Halloween !

Tu auras besoin de :
Un grand bol à mélanger
Un petit bol
Un tamis
Une cuillère de bois
Un rouleau à pâtisserie
Une poche à décoration ou un petit
  sac à congélation
Une grille
Une tôle à biscuits
Un emporte-pièce
  en forme de
  chauve-souris

Ingrédients

Pour les biscuits :
1/2 tasse de sucre fin
1/2 tasse de beurre plus
  un peu pour graisser
  la tôle à biscuits
1 œuf battu
2 gouttes d'essence de vanille
1 tasse de farine tout usage
  plus un peu pour rouler

Pour le glaçage :
1 tasse de sucre à glacer
Du colorant alimentaire noir
Du colorant alimentaire orange

1 Préchauffe le four à 375 °F. Mets le sucre et le beurre dans le grand bol et bats ensemble jusqu'à une consistance crémeuse.

2 Ajoute l'œuf et la vanille et continue de brasser jusqu'à mousseux. Puis, ajoute la farine en une seule fois et brasse jusqu'à ce que le mélange forme une boule.

3 Nettoie bien la surface de travail et saupoudre un peu de farine. Dépose la pâte à biscuits et, avec le rouleau, abaisse la pâte jusqu'à ce qu'elle ait une épaisseur d'environ 5 mm, ajoute un peu de farine si tu vois que la pâte colle à la surface.

4 Graisse la tôle à biscuits avec un peu de beurre puis, forme les biscuits avec l'emporte-pièce. Mets les biscuits sur la tôle. S'il te reste des petites retailles, fais-les cuire, tu pourras les manger plus tard en récompense de ton travail !

5 Demande à un adulte de les déposer au milieu du four pour 10 minutes. Lorsqu'ils sont prêts, avec un adulte, transfère chaque biscuit sur la grille et laisse-les refroidir complètement.

6 Pour faire le glaçage, tamise le sucre à glacer dans un bol et ajoute une cuillère à table d'eau. Mélange bien, s'il est trop épais ajoute un peu d'eau.

7 Prends 3 cuillères à table du mélange et mets-les dans un petit bol. Ajoute quelques gouttes de colorant orange. Ajoute du colorant noir au reste du mélange.

8 Avec un couteau à tartiner, étends le glaçage noir sur le dessus des biscuits. Ensuite, mets le glaçage orange dans la poche à décoration ou dans le sac à congélation auquel tu auras coupé un petit coin et dessine des lignes sur les ailes et des petits points pour les yeux.

Pour varier :
Tu peux facilement faire la même recette pour des biscuits de Noël. Utilise un emporte-pièce en forme de sapin et glace tes biscuits en vert. Ajoute des points blancs pour la décoration.

Gâteaux toile d'araignée

16 gâteaux

Ce sont les gâteaux parfaits pour l'Halloween!

Tu auras besoin de :
Un grand bol
Une cuillère de bois
Un tamis
Un moule à muffins
  ou à petits gâteaux
Une grille
Une poche à décoration
  ou un sac à congélation
Un bâtonnet à cocktail

Ingrédients

1/2 tasse de sucre fin
1/2 tasse de beurre mou
2 œufs battus
1/2 tasse de farine
  à gâteaux
1/4 tasse de raisins secs

Pour le glaçage :
2/3 tasse de sucre
  à glacer
Quelques gouttes de
  colorant alimentaire brun

1 Préchauffe le four à 375 °F. Mets le sucre et le beurre dans le bol et brasse ensemble jusqu'à un mélange crémeux. Ajoute les œufs et brasse encore jusqu'à ce que le mélange soit bien mousseux.

2 Tamise la farine dans le bol. L'air qui passe ainsi dans la farine donnera des gâteaux plus légers. Lorsque toute la farine est bien mélangée, ajoute les raisins secs. Ils représentent les mouches prisonnières de tes toiles d'araignées!

3 Divise le mélange dans les moules et demande à un adulte de le déposer au four pour 15 à 20 minutes ou jusqu'à ce que les gâteaux soient bien gonflés et dorés. Ensuite, démoule-les et dépose-les sur la grille jusqu'à ce qu'ils soient entièrement refroidis.

4 Pendant ce temps, tu peux faire le glaçage. Tamise le sucre à glacer dans un bol à mélanger et ajoute 1 cuillère à table d'eau. Mélange bien, tu dois obtenir la consistance d'une pâte dentifrice, sinon, tu peux ajouter un petit peu d'eau.

5 Transfère dans un autre bol, 4 cuillerées de glaçage auquel tu ajoutes quelques gouttes de colorant brun.

6 Recouvre complètement le dessus des gâteaux refroidis de glaçage blanc. Mets le glaçage brun dans la poche à décoration ou dans le sac à congélation auquel tu auras coupé un petit coin. Dessine ensuite des cercles, en partant du haut et en continuant avec des cercles de plus en plus grands.

7 Lorsque tu as couvert tous les gâteaux de cercles, prends le bâtonnet à cocktail et traverse toutes les lignes de haut en bas 6 ou 7 fois par gâteau, cela donnera l'aspect d'une toile d'araignée.

Pour varier :

Tu peux remplacer les raisins secs par la même quantité de pépites de chocolat. Tu peux aussi essayer différentes couleurs de colorant et faire des dessins ou écrire des noms sur tes gâteaux.

Pommes choco-noix

8 pommes

Elles sont tout comme celles que tu trouves à la foire.
Elles plairont certainement à tes invités lors de ta prochaine fête !

Tu auras besoin de :
Un four à
  micro-ondes
8 bâtonnets de bois
Un bol allant au
  four à micro-ondes

Ingrédients

8 petites pommes
  rouges

200g de chocolat
  (au lait, noir ou blanc
  selon ce que tu préfères)

1/3 de tasse
  de noix hachées

Pour varier :
Tu peux aussi remplacer les noix par
des décorations à gâteaux colorés
ou des « M&M » écrasés.

1 Lave d'abord les pommes avec un peu de savon afin de bien enlever, non seulement la saleté, mais aussi la cire, car sinon le chocolat ne collera pas. Rince à fond à l'eau claire. Enfonce un bâtonnet au milieu de chaque pomme et dépose-les au réfrigérateur afin qu'elles soient bien froides.

2 Défais le chocolat en morceaux. La façon la plus facile est de frapper sur le paquet avant de l'ouvrir. Mets tous les morceaux dans le bol.

3 Mets le bol dans le four à micro-ondes, et chauffe le mélange à « décongélation » pendant 2 minutes ou jusqu'à ce que le chocolat soit fondu. Si tu n'as pas de four à micro-ondes, tu peux, avec l'aide d'un adulte, déposer le bol dans une marmite contenant un peu d'eau bouillante jusqu'à ce le chocolat soit fondu.

4 Maintenant, prends tes pommes en les tenant par le bâton et trempe-les dans le chocolat fondu. Tu peux utiliser une cuillère afin de bien recouvrir les pommes.

5 Finalement, roule les pommes dans les noix. Lorsqu'elles sont entièrement recouvertes, replace-les au réfrigérateur afin de faire durcir le chocolat.

Index